Der Minister für Bildung, Kultur und Wissenschaft

Bildungsprogramm
für Saarländische Kindergärten

verlag das netz
Weimar · Berlin

Inhalt

Minister Jürgen Schreier: Allen Kindern gute Startchancen — 5

Präambel — 6

Grundlagen — 8

Bildungsverständnis — 9
- Bildung und Lernen — 9
- Bildung und Leistung — 9
- Bildung und Demokratie — 10
- Bildung als Voraussetzung und Motor gesellschaftlicher Entwicklung — 11
- Bildung als Aneignungstätigkeit — 11

Ziele — 14
- Bildungsziel 1: Ich-Kompetenz — 14
- Bildungsziel 2: Sozial-Kompetenz — 14
- Bildungsziel 3: Sach-Kompetenz — 14
- Bildungsziel 4. Lern-Kompetenz — 14

Inhalte — 15
- Bildungsbereich 1: Körper, Bewegung und Gesundheit — 15
- Bildungsbereich 2: Soziale und kulturelle Umwelt, Werteerziehung und religiöse Bildung — 15
- Bildungsbereich 3: Sprache und Schrift — 15
- Bildungsbereich 4: Bildnerisches Gestalten — 15
- Bildungsbereich 5: Musik — 15
- Bildungsbereich 6: Mathematische Grunderfahrungen — 16
- Bildungsbereich 7: Naturwissenschaftliche und technische Grunderfahrungen — 16

Aufgaben der Erzieherinnen — 17

Zusammenarbeit zwischen Erzieherinnen und Eltern — 18

Übergang in die Grundschule — 18

Autorin und Fachbeirat — 19

Allen Kindern gute Startchancen

Kinder sind wissensdurstig und neugierig, haben Freude am Forschen und Entdecken, Spaß am Können und sind stolz auf das Gelernte. Kinder wollen und sollen deshalb schon im Kindergarten lernen. Das ist kein Verlust von Kindheit, sondern ein Gewinn. Frühe Jahre müssen wieder zu Bildungsjahren werden, um die dann weit geöffneten Lern- und Entwicklungsfenster der Kinder besser zu nutzen, und vor allem auch, um Nachteile für Kinder aus bildungsferneren Elternhäusern zu vermeiden. Denn während bildungsbewusste Eltern ihre Kinder in dieser wichtigen Zeit von sich aus stark fördern, bekommen die anderen noch zu wenig Hilfe. Das traurige Ergebnis ist, dass sich die Schere der Chancenungleichheit schon früh zu öffnen beginnt.

Die saarländische Landesregierung betont die Bedeutung des Kindergartens auch als Bildungsstätte. Deshalb hat das Saarland bereits im Jahr 2000 als erstes Bundesland das letzte Kindergartenjahr von Gebühren frei gestellt. Seitdem besuchen so gut wie alle Kinder den Kindergarten. Damit haben wir beste Voraussetzungen, den Kindergarten auch zu einem Ort frühen Lernens für alle Kinder zu machen. Frühes Lernen heißt aber auf keinen Fall Verschulung des Kindergartens. Denn der Kindergarten ist keine Grundschule und soll auch keine werden. Kindergarten und Grundschule sind zwei verschiedene Lernorte, aber sie müssen in Zukunft enger zusammenarbeiten. Die Bildungsbiographie der Kinder ist nämlich nicht teilbar.

Ich freue mich, dass es in Zusammenarbeit mit den öffentlichen und freien Trägern gelungen ist, ein Bildungsprogramm für unsere Kindergärten zu beschließen. Der Entwurf des Bildungsprogramms ist im Laufe der Jahre 2004 und 2005 in der Fachöffentlichkeit diskutiert worden. Mit einem Fragebogen wurden alle Kindertageseinrichtungen befragt. Die Rückmeldungen aus der Praxis, von den Trägern, von Eltern und von anderen Experten sind in die jetzt vorliegende Fassung des Bildungsprogramms eingearbeitet worden.

Das Programm betont die gemeinsame Verantwortung von Eltern, Erzieherinnen und Erziehern, Trägern und Land für das frühe Lernen. Es nimmt die Impulse der nationalen Qualitätsinitiative auf, setzt aber auch eigene Akzente, insbesondere im Blick auf das frühe Lernen der Sprache des Nachbarn.

Ich danke der Autorengruppe der Internationalen Akademie (INA) an der Freien Universität Berlin unter Leitung von Frau Dr. Christa Preissing für ihre Arbeit. Ich bin mir sicher: Das Bildungsprogramm wird die Diskussion um das frühe Lernen bereichern und zu neuem Denken über die Bildungsarbeit im Kindergarten führen.

Jürgen Schreier
Minister für Bildung, Kultur und Wissenschaft

Präambel

Die Rahmenrichtlinien für die vorschulische Erziehung im Saarland von 1978 haben über lange Zeit das Bildungsverständnis der saarländischen Kindergärten geprägt. Nachdem die Ergebnisse der PISA-Studie bekannt wurden, entstand der Wunsch, den Bildungsauftrag des Kindergartens neu zu diskutieren und zu formulieren. Da das Ministerium für Bildung, Kultur und Wissenschaft und die Träger der Tageseinrichtungen für Kinder bereits gute Erfahrungen mit der Internationalen Akademie, gemeinnützige Gesellschaft für innovative Pädagogik, Psychologie und Ökonomie mbH an der Freien Universität Berlin (INA) im Rahmen der Nationalen Qualitätsinitiative im System der Tageseinrichtungen für Kinder gesammelt hatte, wurde dieses Institut Ende 2003 beauftragt, einen Entwurf für ein Bildungsprogramm für saarländische Kindergärten zu erarbeiten.

Die Erarbeitung des Bildungsprogramms wurde von einem Fachbeirat begleitet, dem Vertreter der kommunalen und freien Trägerverbände, eine Vertreterin aus der Elternschaft, Mitarbeiter und Mitarbeiterinnen des Landesjugendamtes und der Fachreferate Tageseinrichtungen für Kinder und Grundschule des Ministeriums für Bildung, Kultur und Wissenschaft angehörten. Parallel hierzu wurde der Arbeitskreis „Zukunft der Tageseinrichtungen für Kinder" mit Entscheidungsträgern der freien und kommunalen Träger über die Entwicklung des Bildungsprogramms informiert. Anders als bei dem bereits von der INA entwickelten Bildungsprogramm für Berlin entschied man sich im Saarland, die Arbeit in zwei Werken zu veröffentlichen:

1. Das Bildungsprogramm enthält kurze programmatische Aussagen zu den Grundpfeilern des Bildungsverständnisses, den Zielen der Bildungsarbeit in Kindergärten, den Bildungsinhalten, den Aufgaben der Erzieherinnen und der Kooperation mit den Grundschulen.
2. Die Handreichungen für die Praxis zum Bildungsprogramm geben ausführliche Erläuterungen und Begründungen sowie praktische Hinweise für die Umsetzung des Programms.

Im Juli 2004 hatte Minister Jürgen Schreier den Entwurf des Programms und den Entwurf der Handreichung der Öffentlichkeit vorgestellt und eine breite Diskussion beider Publikationen angeregt. In den Landkreisen und dem Stadtverband Saarbrücken wurden Informations- und Diskussionsveranstaltungen angeboten, an denen sich 800 Fachkräfte beteiligt haben. In weiteren zehn Veranstaltungen bei Trägern, Fachkräften aus Schulen sowie Fachberaterinnen und Fachberatern wurden noch mal 500 Personen angesprochen. Auch der Ausschuss für Bildung, Kultur und Wissenschaft des saarländischen Landtages befasste sich eingehend mit dem Programm. Zudem wurde eine Fragebogenaktion eingeleitet, um allen Tageseinrichtungen für Kinder die Möglichkeit zu geben, ihre Einschätzung zum Programm und den Handreichungen in die Diskussion einzubringen. Die Auswertung der Fragebögen zeigte eine sehr hohe Zustimmung zu den inhaltlichen Aussagen des Programms.

Die Landesregierung, die kommunalen Spitzenverbände, die christlichen Kirchen und die Liga der freien Wohlfahrtspflege haben vor dem Hintergrund der im Grundgesetz und in der Landesverfassung niedergelegten Werte das vorgelegte Bildungsprogramm für saarländische Kindergärten vereinbart, an dem sich die inhaltliche Arbeit der Tageseinrichtungen ausrichten soll. Bei dieser gemeinsamen Entscheidung werden die Prinzipien der Pluralität, der Trägerautonomie und der Konzeptionsvielfalt ausdrücklich bestätigt und berücksichtigt. Die Umsetzung des Bildungsprogramms in den saarländischen Tageseinrichtungen für Kinder erfolgt in der Verantwortung der Träger.

Mit der Verabschiedung sind alle Akteure der Tageseinrichtungen für Kinder aufgefordert, die Inhalte des Bildungsprogramms für saarländische Kindergärten in der Praxis zu verankern. Hierbei tragen Erzieherinnen und Erzieher, Träger, Eltern, Fachberaterinnen und Fachberater und alle weiteren am System der Tageseinrichtungen für Kinder beteiligten Gruppen gemeinsame Verantwortung. Die pädagogische Weiterentwicklung der Tageseinrichtungen für Kinder wird als fortwährender Prozess verstanden. Dabei soll das Bildungsprogramm einen wichtigen Beitrag zur Qualitätsentwicklung leisten. Die Umsetzung erfolgt im Rahmen der bestehenden gesetzlichen und materiellen Bedingungen.

Alle Beteiligten verpflichten sich, im Rahmen ihrer jeweiligen Strukturen und Zuständigkeiten die Inhalte des Bildungsprogramms für saarländische Kindergärten mit Leben zu erfüllen.

Minister Jürgen Schreier, Minister für Bildung, Kultur und Wissenschaft

Stadtverbandspräsident Michael Burkert, Vorsitzender des Landkreistages Saarland

Oberbürgermeister Klaus Lorig, Präsident des Saarländischen Städte- und Gemeindetages

Kirchenrat Joachim Brandt, Beauftragter der Evangelischen Kirchen für das Saarland

Prälat Warnfried Bartmann, Leiter des Katholischen Büros Saarland

Caritasdirektor Johannes Simon, Vorsitzender der Liga der freien Wohlfahrtspflege Saar

Grundlagen

Mehr als bisher beachtet sind die frühen Jahre für die Bildungsbiografie der Kinder entscheidend. Die aktuelle Bildungsforschung und die neue Hirnforschung bestätigen: Kinder lernen von Geburt an. Wenn Chancen hier verspielt werden, sind sie kaum noch aufzuholen. Denn nie wieder lernt ein Mensch so viel und so schnell wie in seinen ersten Lebensjahren. In dieser Zeit lernen Kinder aus eigenem Antrieb, mit allen Sinnen, mit viel Neugier und großer Energie. Sie entwickeln ihre Bildungsoptionen aus sich heraus. Ob und wie ein Kind diese Möglichkeiten weiter verfolgt, verändert oder auch verlässt, hängt entscheidend von den Reaktionen seiner wichtigsten Bezugspersonen ab.

Bildung und Erziehung in der frühen Kindheit ist zunächst Aufgabe der Eltern. Und es ist auch eine öffentliche Aufgabe. Eltern, Sorgeberechtigte und Erzieherinnen in Kindergärten haben deshalb eine besondere und eine gemeinsame Verantwortung, den ihnen anvertrauten Kindern durch Förderung und Forderung größtmögliche Chancen zu eröffnen.

Erzieherinnen sind Experten für frühe Bildung. Das Bildungsprogramm gibt ihnen jetzt einen verbindlichen Rahmen für die Systematisierung ihrer pädagogischen Arbeit. Es klärt die Ziele der Bildungsarbeit im Kindergarten, formuliert die Aufgaben der Erzieherinnen und zeigt in ergänzenden Handreichungen auf, wie diese in der Praxis erfüllt werden können.

Wenn Erzieherinnen und Eltern vor diesem Hintergrund vertrauensvoll zusammenarbeiten, wird es noch besser gelingen, die Entwicklungs- und Bildungsmöglichkeiten aller Kinder gezielt zu fördern. Das Land, die öffentlichen und die freien Träger haben die Aufgabe, das Fachpersonal in den Kindergärten durch Fortbildung und Beratung zu unterstützen.

Bildungsverständnis

Bildung und Lernen

Bildung geht über das Ansammeln von Wissen und das Einüben von Fähigkeiten und Fertigkeiten hinaus, bedeutet mehr als Lernen. Wenn Lerninhalte keinen Bezug zur Lebenswirklichkeit haben, werden sie schnell vergessen oder auch wieder verlernt. Bildung verbindet Wissen, Fähigkeiten und Fertigkeiten mit der eigenen Persönlichkeitsentwicklung. So Erlerntes wird zur persönlichen Kompetenz, die immer verfügbar ist und legt den Grundstein für eine positive Einstellung zum lebenslangen Lernen.

Indem das Kind sein Wissen und Können anwendet, erzielt es eine Wirkung auf andere Menschen oder auf seine Umgebung. Die Reaktionen auf sein Handeln geben ihm Auskunft darüber, ob die gewünschte Absicht erreicht wurde. Positive Reaktionen ermuntern das Kind zur Wiederholung und ermutigen es, sein Können zu erweitern.

Der Bildungsprozess ist ohne Lernen nicht denkbar, Üben ist unverzichtbar. Manchmal versteht das Kind nicht unmittelbar, warum es bestimmte Inhalte lernen soll. Wenn es den Sinn und die Anwendungsmöglichkeiten erkennt, wird es auf das Erlernte zurückgreifen und sich neue Inhalte aneignen.

Im Kindergarten werden Kinder mit ihren Fragen ernst genommen

- Kinder müssen Themen begegnen, die sie mit ihren bisherigen Erfahrungen verknüpfen können. Dann werden sie Interesse an einer Sache und an Inhalten entwickeln.

- Kinder müssen interessante Inhalte kennen lernen, die über ihren bisherigen Erfahrungshorizont hinausführen. Sie brauchen Erzieherinnen, die ihr Interesse an einer Sache teilen. Sie werden sich dann mit Neugier, Entdeckerfreude und Beharrlichkeit neuen Aufgaben stellen und Lösungswege suchen.

- Kinder müssen die Erfahrung machen, dass sie mit ihrem Wissen und ihrem Können etwas für ihre eigene Entwicklung und für die Entwicklung einer Gemeinschaft beitragen können. Sie werden sich dann gut aufgehoben fühlen und bereit sein, Neues dazu zu lernen.

Bildung und Leistung

Die Diskussion um frühkindliche Bildung war lange Zeit von der Absicht geprägt, Kinder vor Leistungsdruck zu schützen und ihnen ein Recht auf eine vermeintlich unbelastete Kindheit zu sichern: Kindorientierung statt Leistungsorientierung hieß die Devise. Diese Einstellung resultierte aus einem Bild vom Kind als einem schwachen Wesen. Heute wissen wir: Kinder sind stark. Sie kommen bereits mit vielfältigen Fähigkeiten in diese Welt. Sie erkunden die Welt von Beginn an mit hoher Ausdauer und mit allen Sinnen. Kinder wollen etwas leisten:

für sich selbst, um ihren Handlungs- und Entscheidungsspielraum zu vergrößern und für die Gemeinschaft, in der sie aufwachsen. Kinder als stark und kompetent zu betrachten, ihnen Leistung zuzutrauen und sie einzufordern, entbindet jedoch die Erwachsenen nicht von ihrer Verantwortung, Kinder zu schützen. Es bleibt ihre Aufgabe, jedes Kind vor Einschränkungen und Beschädigungen seiner körperlichen, seelischen und geistigen Entwicklung zu bewahren und Entwicklungsimpulse zu geben.

Im Kindergarten sind Kindorientierung und Leistungsorientierung keine Gegensätze, sie ergänzen sich

- Erwachsene müssen die Leistungen des Kindes erkennen und anerkennen. Die Achtung der Leistung des Kindes ist Bedingung für seine Selbstachtung.

- Erwachsene müssen dem Kind etwas zutrauen. Das Zutrauen in die Leistung des Kindes ist Bedingung für sein Selbstvertrauen.

- Erwachsene müssen die Leistungen des Kindes wertschätzen. Die Wertschätzung der Leistung des Kindes ist Bedingung für sein Selbstwertgefühl.

Bildung und Demokratie

Kinder erbringen ihre Leistungen immer auch für die Gemeinschaft. Sie wollen sich einbringen und erfahren, dass sie dazu gehören. So entwickeln sie ein Gemeinschaftsgefühl. Sie setzen sich damit auseinander, was gerecht und was ungerecht ist, was der Gemeinschaft dient und was ihr schadet.

Der Kindergarten fördert das soziale Lernen und achtet auf Solidarität und Verantwortung

- Erzieherinnen berücksichtigen und fördern die Individualität jedes Kindes, damit es seine Persönlichkeit in die Gemeinschaft einbringen kann. Dazu brauchen die Kinder auch nicht verplante Zeit.

- Erzieherinnen ermöglichen, dass Kinder ihre Ideen und Wünsche in die Gestaltung der täglichen Abläufe im Kindergarten einbringen können. Sie setzen sich mit den Interessen der Kinder auseinander. Sie ermuntern die Kinder, sich für die Gemeinschaft einzusetzen. Sie machen ihnen deutlich, dass ihr eigener Freiheitsdrang Grenzen an den Entfaltungsmöglichkeiten der Anderen findet.

- Erzieherinnen sehen den Kindergarten als Lernort für demokratische Grundprinzipien. Hier begegnen Kinder gleichberechtigten anderen Kindern. Sie lernen mit Gleichaltrigen und Erwachsenen unterschiedliche Interessen und Meinungen auszuhandeln, sie verabreden gemeinsam Regeln des Miteinanders und lernen sich daran zu halten.

■ Bildung als Voraussetzung und Motor gesellschaftlicher Entwicklung

Kinder wollen ihre Lebenswelt kennen lernen und die Wirkungszusammenhänge verstehen. Sie sind neugierig und wissbegierig. Jedes Kind erkundet die Dinge, die in seinen Blickwinkel und in seine Reichweite gelangen. Es beobachtet und begreift, es hört und schaut, tastet und schmeckt, fühlt und riecht. Dabei verleiht es seinen Eindrücken in vielfältiger Weise Ausdruck: durch Bewegung und Sprache, Malen und Bauen, Singen und Tanzen. In unterschiedlichsten Spielen verarbeitet das Kind seine Eindrücke und setzt sie in Beziehung zu seinen inneren Empfindungen. Es entwickelt Selbstbewusstsein, Erkenntnis- und Denkfähigkeit, beginnt, erste logische Strukturen zu erkennen und diese auch selbst aufzubauen.

Kinder kommen dabei zu manchen Erkenntnissen und Begriffen, die für Erwachsene ungewöhnlich und zuweilen befremdlich sind, denn sie machen sich ihren eigenen Reim auf die Welt. Kindergarten und Schule sind Orte, an denen sich dieses kreative Potential jeder nachwachsenden Generation entwickeln kann, neue Möglichkeiten ihren Anfang finden können. Als öffentlich verantwortete Orte haben Kindergarten und Schule einen wesentlichen Einfluss darauf, welches Bild Kinder von Gesellschaft haben und wie sie ihre eigene Rolle in der Gesellschaft verstehen. Die Pädagogen in Kindergärten und Schulen müssen sich deshalb darüber verständigen, was Kinder wissen und können müssen, um in dieser Gesellschaft handlungsfähig zu sein. Dies setzt Wissen, Fantasie und Entscheidungsfähigkeit voraus, um die Kinder auch auf zukünftige und nicht vorhersehbare Lebenssituationen vorzubereiten.

Der Kindergarten zeichnet sich durch ein offenes Bildungsklima aus

- Erzieherinnen eröffnen Kindern vielfältige Erfahrungsmöglichkeiten. Sie interessieren sich für die Erklärungen und Theorien der Kinder, unterstützen sie in ihren Erklärungsversuchen und deren Überprüfung.

- Erzieherinnen regen Kinder an, sich darüber auszutauschen, was ihnen wichtig ist und was sie wissen und erfahren möchten. Sie eröffnen ihnen die Möglichkeit, in einem Projekt mitzumachen.

- Erzieherinnen erweitern ständig ihr Wissen, ihre Erfahrungen und Fähigkeiten und bringen sich mit ihrer Fachkompetenz ein. Das setzt eine aktive Auseinandersetzung mit dem Wissen, den Erfahrungen und den Bedürfnissen von Kindern ebenso voraus, wie die Bereitschaft, sich selbst weiter zu entwickeln.

■ Bildung als Aneignungstätigkeit

Bildungsprozesse sind an sinnstiftende Fragen gebunden. Kinder gestalten den Bildungsprozess aktiv mit. Sie machen sich dabei ein Bild von sich selbst und stellen die Frage nach ihrer Existenz. Sie machen sich dabei auch ein Bild von den anderen Menschen. Kinder fragen: Wer sind die anderen, was haben sie mit mir gemeinsam und worin unterscheiden sie sich von mir?

Schließlich machen sich Kinder dabei ein Bild von dem Geschehen und den Dingen in ihrem Lebensumfeld und fragen nach ihrer Rolle.

Kinder machen sich ein Bild von sich selbst

Jedes Kind findet durch seine Entscheidungen und sein Handeln heraus, was seine Bedürfnisse, Vorlieben und Abneigungen sind, was es schon kann und was es noch lernen muss. Es setzt sich selbst in Beziehung zu den Personen, Dingen und Ereignissen in seiner Welt und stellt immer neue Fragen.

Die Antworten seiner Bezugspersonen und der Umwelt beeinflussen diesen Bildungsprozess wesentlich: Von Anfang an spürt das Kind sehr genau, ob seine Fragen und seine Erkundungen von den Anderen angenommen und ernst genommen werden. Mit großer Sensibilität nimmt es wahr, ob seine Äußerungen willkommen oder störend sind. Die Reaktionen auf sein Fragen, Tun, Denken sind mit entscheidend, ob und wie ein Kind sich weiter entwickelt.

Eltern und Erzieherinnen beeinflussen oder begrenzen mit ihren Reaktionen den Spiel- und Erfahrungsraum des Kindes, seine Erkundungen und seinen Bildungsweg.

Neugier und Wissbegierde der Kinder zu erhalten hat oberste Priorität beim frühen Lernen. Jedes Kind soll die Erfahrung machen, dass es den eigenen Kräften vertrauen kann. Jedes Kind soll sich sicher sein können, dass es bei der Erprobung seiner Kräfte auf die Unterstützung der Erwachsenen zählen kann. Hieraus bilden sich Selbstvertrauen, Selbstwertgefühl, Selbstachtung und die Voraussetzung für lebenslanges Lernen.

Kinder machen sich ein Bild von anderen Menschen in dieser Welt

Kinder erleben bei ihren Erkundungen, dass sie auf Andere angewiesen sind. Ihre Erfahrungen teilen sie mit Anderen. Ihre Handlungen und Empfindungen erzeugen Reaktionen bei den Menschen in ihrem Umfeld. Diese Reaktionen wiederum beeinflussen die weiteren Handlungen: Kinder sind Teil der sozialen Gemeinschaft. Ein Bewusstsein für Unterschiedlichkeiten und Gemeinsamkeiten entwickelt sich.

Eltern und Erzieherinnen haben mit ihrem Verhalten untereinander und den Kindern gegenüber eine Vorbildfunktion. Von Anfang an verstehen Kinder mit größter Sensibilität die Wertschätzung, die Erwachsene mit Mimik, Gestik und Stimme ausdrücken und Anderen entgegen bringen. Sie verstehen, was die Menschen verbindet, wo sie sich unterscheiden, wie sie mit Konflikten und Streit umgehen. Sie folgen ihren Vorbildern, erproben alle möglichen Verhaltensweisen im Umgang mit anderen Kindern und machen grundlegende Erfahrungen mit Macht und Ohnmacht.

Das Bildungsprogramm basiert auf den Grundwerten eines demokratischen Miteinanders. Es will grundlegende Erfahrungen und Kenntnisse für das Zusammenleben herausfordern.

Der Kindergarten ist oft die erste Gemeinschaft, in der sich Kinder als gleichberechtigte Personen begegnen, Gemeinschaft unter Gleichen erleben, Regeln einhalten und Konflikte lösen.

Kinder machen sich ein Bild von dem Geschehen und den Dingen in der Welt

Jede Erwachsenengeneration nimmt Kindheit in der ihr eigenen Sichtweise wahr und stellt fest, dass die zurückliegende eigene Kindheit anders war. Erzieherinnen und Eltern müssen sich über die unterschiedlichen Rahmenbedingungen von Kindheit zu verschiedenen Zeiten im Klaren sein, müssen sich vom oft nostalgischen Blick auf die Vergangenheit lösen, in der scheinbar alles besser war. Es gehört zur Verantwortung der Erwachsenen, Kinder auf ihrem Weg zur Entdeckung der Welt zu begleiten. Sie müssen verstehen, mit welchen Erfahrungen Kinder heute in ihrer sozialen und kulturellen Umwelt konfrontiert werden, welchen neuen Inhalten und Herausforderungen sie in den Medien begegnen. Gleichzeitig gilt es, Kinder mit Traditionen, mit bewährten Erfahrungen und übermitteltem Wissen vertraut zu machen.

Eltern und Erzieherinnen müssen herausfinden, welche Erfahrungen Kinder brauchen, was für ihre Entwicklung und ihre Bildung notwendig ist. Gleichzeitig müssen sie genau beobachten, wofür sich Kinder interessieren, womit sie sich beschäftigen, welche Gefühle und Fragen diese Beschäftigungen in den Kindern auslösen. Das Bildungsprogramm für saarländische Kindergärten mit seinen sieben Bildungsbereichen zeigt die Inhalte, mit denen Kinder während ihrer Kindergartenzeit vertraut gemacht werden sollen, damit allen Kindern von früh an gleiche Chancen geboten werden.

Das Bildungsprogramm gewährleistet mit der Bearbeitung dieser Inhalte, dass Kinder darin unterstützt werden, die Welt zu begreifen. Die Methoden zu Bearbeitung der Inhalte sollen ihre Wissbegierde wach halten, zu neuen Fragen ermutigen und zeigen, wie Neues erkundet und erlernt werden kann.

Ziele

Die Bildungsziele sind formuliert als vier Basiskompetenzen, die Kinder während ihrer Zeit im Kindergarten erwerben. Dabei bedeutet Kompetenz mehr als Wissen, Fähigkeiten und Fertigkeiten. Es wird hier ein erweiterter Kompetenzbegriff zu Grunde gelegt, der auch Gefühle, Wille und Tatkraft umfasst. Die Beispiele dienen zur Veranschaulichung.

Bildungsziel 1:   Ich-Kompetenz
Vertrauen in die eigenen Kräfte entwickeln, sich selbst achten, neugierig und offen sein für neue Erfahrungen, Ideen entwickeln und Initiative ergreifen, positive Einstellung zu sich selbst, Selbstständigkeit, Selbstverantwortung, Lernbereitschaft, Durchsetzungsvermögen, Konfliktbewältigung, …

Bildungsziel 2:   Sozial-Kompetenz
Anderen zuhören, sich einfühlen können, Normen akzeptieren und Regeln des Zusammenlebens vereinbaren und einhalten, Fähigkeit zur sprachlichen Verständigung aufbauen, sich über unterschiedliche Erwartungen verständigen, Konflikte aushandeln und Kompromisse schließen, sich zurücknehmen, Rücksichtnahme üben, sich am Gemeinschaftsleben beteiligen, helfen, solidarisch handeln, …

Bildungsziel 3:   Sach-Kompetenz
Fähigkeit zur Abstraktion aufbauen, Begriffe bilden und ordnen, Sachverhalte differenziert wahrnehmen und beschreiben, eigene Gedanken sinnvoll, sprachlich treffend und grammatikalisch richtig ausdrücken, Gemeinsamkeiten und Unterschiede erkennen, Fähigkeit zum Problemlösen und zum Finden kreativer Lösungen entwickeln, …

Bildungsziel 4:   Lern-Kompetenz
Lust am Lernen empfinden und erkennen, dass Anstrengung zum Erfolg führt, Wissbegier, Neugier wecken, Interessen finden und fördern, eigene Stärken entdecken, Schwächen erkennen und Fortschritte erzielen wollen, kooperieren und arbeitsteilig an einer Sache arbeiten, …

Inhalte

Im Folgenden sind Kerninhalte beschrieben, die für die Bildungsmöglichkeiten des Kindes eine besondere Bedeutung haben. Jedes Kind soll während seiner Kindergartenzeit mit Inhalten aus diesen sieben Bildungsbereichen vertraut gemacht werden.

Bildungsbereich 1: Körper, Bewegung und Gesundheit

Kindliches Lernen ist maßgeblich an Körpererfahrung gebunden. Dabei spielt die Bewegung eine zentrale Rolle – denn wenn Kinder sich bewegen, bilden sie auch ihre Gefühle. Gesundheit meint mehr als die Abwesenheit von Krankheit. Sie wird verstanden als umfassendes physisches, psychisches und soziales Wohlsein, und ist damit ebenfalls wichtige Voraussetzung für den Bildungsprozess der Kinder.

Bildungsbereich 2: Soziale und kulturelle Umwelt, Werteerziehung und religiöse Bildung

Bildung ist kulturell geprägt und ohne soziale Beziehungen nicht denkbar. Die soziale Erziehung in einer kulturell vielfältigen Gemeinschaft erfordert eine fortlaufende Beschäftigung mit grundlegenden Werten und vermittelt dabei die Erfahrung, dass eigene Rechte und die Verpflichtung zum sozialen Miteinander in Einklang zu bringen sind. Sinn- und Bedeutungsfragen finden Erklärungsmöglichkeiten im Rahmen der religiösen Bildung. Religiöse Bildung ist Teil der allgemeinen Bildung und damit Auftrag für jeden Kindergarten.

Bildungsbereich 3: Sprache und Schrift

Sprache und Schrift sind in unserer Gesellschaft vorherrschende Kommunikationsmedien. Durch Sprache werden Erkenntnisse strukturiert und systematisiert, Schrift ist unverzichtbar, um sich in der Wissensgesellschaft zu orientieren, zu beteiligen und erfolgreich zu sein. Die Begegnung mit anderen Sprachen legt den Grundstein für die Kommunikationsfähigkeit in einem zusammenwachsenden Europa und eröffnet interkulturelle Kompetenz für das Zusammenleben verschiedener Kulturen.

Bildungsbereich 4: Bildnerisches Gestalten

Ästhetische Wahrnehmung und bildnerischer Ausdruck sind eigenständige Wege zur Auseinandersetzung mit der Wirklichkeit und ihrer Strukturierung. Gestaltungsprozesse sind deshalb immer auch Erkenntnisprozesse.

Bildungsbereich 5: Musik

Musik eröffnet mit ihren Melodien, Rhythmen und Klangfarben wesentliche Quellen für seelische Empfindung und Genuss. Sie bietet zugleich Verständigungsmöglichkeiten über Sprachgrenzen hinweg.

■ Bildungsbereich 6: Mathematische Grunderfahrungen

Mathematik hilft dem Kind, die Welt zu ordnen und in der Vielfalt der Erfahrungen zu Verallgemeinerungen zu kommen. Indem das Kind hierfür Begriffe findet, findet es auch Orientierung in der Welt und erfährt Verlässlichkeit.

■ Bildungsbereich 7: Naturwissenschaftliche und technische Grunderfahrungen

Naturwissenschaftliche Beobachtungen und der Umgang mit technischen Gegenständen erzeugen Fragen und regen zu grundlegenden Experimenten an. Diese ermöglichen dem Kind, sich selbst in Beziehung zur Welt zu setzen und logische Zusammenhänge zu erkennen.

Aufgaben der Erzieherinnen

- Erzieherinnen gestalten den Alltag im Kindergarten so, dass Kinder in der Gemeinschaft täglich anregende Lerngelegenheiten erhalten:

> Beim Frühstück oder Mittagessen das Gespräch über die verschiedenen Speisen anregen: Herkunft, Geschmack, gesunde und ungesunde Nahrungsmittel und Getränke, Vorlieben und Abneigungen herausfinden, Ess- und Tischkultur, Höflichkeit, unterschiedliche Begrüßungs- und Abschiedsrituale, verschiedene Sprachen und Gesten kennen lernen, …

- Erzieherinnen regen Spiele an und begleiten sie:

> Namensspiele, Tastspiele, Sprach- und Singspiele, Zahlenspiele, Quatschverse, Abzählreime; vergessene Spiele wieder beleben und Eltern und Großeltern befragen; Spiele aus anderen Kulturen einbringen und so Traditionen und verschiedene Kulturen im Kindergarten lebendig werden lassen; Rollenspiele und Theater- oder Zirkusspiele, die die körperlichen, seelischen und geistigen Fähigkeiten herausfordern, …

- Erzieherinnen planen und bearbeiten wichtige Themen mit den Kindern in längerfristigen Projekten:

> Sich selbst und die anderen Kinder kennen lernen, Gemeinsamkeiten und Unterschiede erkennen; die Umwelt beobachten und beschreiben, Naturphänomene erfahren; das Wohnumfeld erkunden, die Arbeitswelt kennen lernen, heimatkundliches Wissen erschließen, Brauchtum erforschen, …

- Erzieherinnen gestalten Räume so, dass Kinder zu selbstständigen Tätigkeiten und Erkenntnissen herausgefordert werden:

> Vielfältige Bewegungsmöglichkeiten innen und außen eröffnen; interessante Geräte und Werkzeuge bereit halten; die Kinder zu genauen Beobachtungen und Beschreibungen herausfordern; Experimentiermaterialien und Werkbänke vorhalten, …

- Erzieherinnen beobachten die Entwicklungs- und Bildungsfortschritte der Kinder und dokumentieren die Entwicklung:

> Beginn einer Bildungsbiografie; regelmäßige Beobachtungen jedes Kindes; Dokumentation dieser Beobachtungen und deren Auswertung zusammen mit dem Kind, dem Team und den Eltern; regelmäßige Gespräche mit den Eltern über die Entwicklung ihrer Kinder, …

Zusammenarbeit zwischen Erzieherinnen und Eltern

Erzieherinnen gehen aktiv auf die Eltern zu und laden sie zur Mitarbeit in den Kindergarten ein. Sie erläutern den Eltern ihre Konzeption, machen die tägliche Arbeit durch anschauliche Dokumentationen ihrer Arbeit nachvollziebar und zeigen Eltern konkrete Mitwirkungsmöglichkeiten auf.

Es gehört zu den ständigen Aufgaben der Erzieherinnen, die Entwicklungsfortschritte der Kinder genau zu beobachten und ihre Beobachtungen zu dokumentieren. So wird die Grundlage geschaffen, sich in regelmäßigen Abständen mit den Eltern jedes Kindes über seine Entwicklung auszutauschen. Erzieherinnen und Eltern können gezielt und gemeinsam überlegen, wer im Rahmen der jeweiligen Möglichkeiten dem Kind die beste Unterstützung für seine Entwicklung geben kann. Sie können ihr Handeln aufeinander abstimmen. Hierfür ist es wichtig, dass auch die Eltern berichten, was ihr Kind zu Hause erlebt, wofür es sich interessiert, welche Fragen es bewegen.

Der Kindergarten ist auch ein Ort der Begegnung für Eltern. Hier können viele Initiativen zur Unterstützung der Eltern untereinander entstehen. Eltern sollten im Kindergarten immer willkommen sein und Raum und Zeit finden, um sich auszutauschen.

Übergang in die Grundschule

Dem Kindergarten folgt die Grundschule als nächste Stufe des Bildungswesens. Ziele und Lernbereiche der Grundschule bauen auf den Zielen und Bildungsbereichen des Programms auf. Das wird Kindern den Übergang vom Kindergarten in die Grundschule und die Verständigung zwischen Erzieherinnen, Eltern und Lehrerinnen und Lehrern erleichtern.

Zukünftig werden Kindergärten und Grundschulen pädagogisch und organisatorisch zusammen arbeiten. Der konkrete Übergang wird von dem Kindergarten und der Grundschule gemeinsam vorbereitet. Die Kinder lernen die Grundschule als künftigen Lern- und Lebensort kennen und begegnen den Lehrkräften, die sie in den nächsten vier Jahren auf ihrem Lernweg begleiten werden.

Autorin und Fachbeirat

Autorin
Dr. Christa Preissing, Internationale Akademie (INA) an der Freien Universität Berlin

Fachbeirat

Leitung:
Bernd Seiwert, Ministerium für Bildung, Kultur und Wissenschaft

Renato Baracchino, Diözesan-Caritasverband Trier
Stefan Britz, Ministerium für Bildung, Kultur und Wissenschaft
Bürgermeister Lothar Christ, Städte- und Gemeindetag Saarland
Martina Decker, Landkreistag Saarland
Eva Hammes-Di Bernardo, Ministerium für Bildung, Kultur und Wissenschaft
Petra Funk-Chungu, Landesjugendamt
Judith Kost, Elternvertreterin
Judith Rüffel, Diözesan-Caritasverband Speyer
Marlene Schaeffer, Diakonisches Werk an der Saar
Dirk Schäffner, Landesjugendamt
Brigitte Schaupp, Diakonisches Werk der Evangelischen Kirche der Pfalz
Hans-Jürgen Stuppi, Paritätischer Wohlfahrtsverband Landesverband Rheinland-Pfalz/Saarland
Andrea Wolter, Arbeiterwohlfahrt Landesverband Saarland

»Kinder sind wissensdurstig und neugierig, haben Freude am Forschen und Entdecken, Spaß am Können und sind stolz auf das Gelernte. Kinder wollen und sollen deshalb schon im Kindergarten lernen.«

»Das Programm betont die gemeinsame Verantwortung von Eltern, Erzieherinnen und Erziehern, Trägern und Land für das frühe Lernen. Es nimmt die Impulse der nationalen Qualitätsinitiative auf, setzt aber auch eigene Akzente, insbesondere im Hinblick auf das frühe Lernen der Sprache des Nachbarn.«

Jürgen Schreier
Minister für Bildung, Kultur und Wissenschaft des Saarlandes

www.verlagdasnetz.de